FUẞBALL TRICKS DER PROFIS

Das große Fußballbuch für Kinder

Spiel, Spaß und Tore mit Mbappé, Haaland, Ronaldo und Co.

Camill Hauser

Bibliografische Information der Deutschen Nationalbibliothek.

Die Deutsche Nationalbibliothek verzeichnet diese Publikation in der Deutschen Nationalbibliografie; detaillierte bibliografische Daten sind im Internet über http://dnb.dnb.de abrufbar.

Für Fragen und Anregungen:
info@eulogiaverlag.de

ISBN 978-3-96967-438-3 Hardcover
ISBN 978-3-96967-437-6 E-Book

Originale Erstausgabe 2024

Eulogia Verlags GmbH
Gerhofstraße 1–3
20354 Hamburg

Lektorat: Sandra Pichler
Satz und Layout: Tomasz Dębowski
Umschlaggestaltung: Aleksandar Petrović

FUßBALL TRICKS DER PROFIS

Das große Fußballbuch für Kinder

Spiel, Spaß und Tore mit Mbappé,
Haaland, Ronaldo und Co.

EULOGIA
VERLAG

Inhaltsverzeichnis

1. Einführung

Hey Fußballer!

Schön, dass du hier bist. In diesem Buch dreht sich alles um das genialste Spiel der Welt: Fußball!

Verbringst du am liebsten deine ganze Freizeit auf dem Fußballplatz oder bist du vielleicht schon auf dem Weg, ein Fußball-Champion zu werden? Perfekt! Zusammen werden wir die wunderbare Fußballwelt erkunden. Mach dich bereit für die spannende Reise.

Warum ist Fußball so großartig?

- **Teamgeist**

  Fußball ist ein Mannschaftsabenteuer. Auf dem Spielfeld lernst du, wie toll es sein kann, mit anderen zusammenzuarbeiten. Deine Mitspieler können deine besten Freunde werden, mit denen Gewinnen noch mehr Spaß macht und das Verlieren gar nicht mehr so schlimm ist.

- **Spannung, Action und Tricks**

  Beim Fußballspielen kann es nicht nur Spaß machen, mit dem Ball am Gegner vorbeizulaufen, Tricks zu machen und Tore zu schießen. Genauso spannend kann es sein, den Ball vom Gegner abzujagen und dein eigenes Tor zu verteidigen.

Das sind nur zwei Beispiele, warum ich den Fußball so liebe. Mein Name ist Camill und ich begleite dich auf dem kommenden Weg durch die Fußballwelt.

Warum bin ausgerechnet ich deine Begleitung?

Ich habe gestartet wie du und habe seit meiner Kindheit mein Leben mit dem Fußball verbracht. Angefangen habe ich als ganz normaler Spieler. Später habe ich mich ganz besonders für Fußball-Tricks interessiert und wurde ein Fußball-Freestyler. Das sind Fußballer, die besonders gut darin sind, den Ball mit den Füßen zu jonglieren, und damit auf Bühnen oder bei Fußballschulen auftreten.

Dann habe ich mit meinen Brüdern Videos gedreht, in denen wir jungen Fußballern Tipps geben, wie sie besser werden können. Damit habe ich sehr vielen Kindern und Jugendlichen dabei geholfen, ihr Fußballspiel zu verbessern.

Für dieses Buch habe ich Davide dabei, einen junger Fußballer wie dich. Wir zeigen dir später gemeinsam, wie du am besten das Fußballspielen lernst.

Genug von mir, lass uns mit den Grundlagen des Fußballs beginnen.

2. Die Grundlagen des Fußballs

2.1 Die Geschichte

Die Geschichte des Fußballs beginnt vor vielen Hundert Jahren. Damals gab es noch nicht mal richtige Fußbälle, so wie du sie heute kennst. Die Leute spielten stattdessen mit anderen Dingen wie Kugeln aus Stoff oder sogar mit aufgeblasenen Tierblasen.

Das Heimatland des Fußballs, so wie wir ihn heute kennen, ist England. Dort wurden im 19. Jahrhundert die ersten und wichtigsten Regeln aufgestellt, die noch bis heute gelten: ein Ball, zwei Teams, zwei Tore und beide Mannschaften versuchen, den Ball in das Tor der jeweils anderen Mannschaft zu befördern. Dabei darf der Ball nicht mit der Hand gespielt werden und das Team, das die meisten Tore erzielt hat, gewinnt das Spiel.

FAKT: Das erfolgreichste Land bei der Weltmeisterschaft ist Brasilien. Sie haben die Weltmeisterschaft insgesamt fünfmal gewonnen.

Die Regeln sind genial einfach und so wurde Fußball immer beliebter und verbreitete sich auf der ganzen Welt. Überall begannen die Leute, eigene Teams zu gründen. So entstanden große Fußballturniere. Das größte Turnier ist die Weltmeisterschaft, bei der die besten Spieler aus jedem Land untereinander den Sieger ausmachen.

FAKT: Die Bundesliga gibt es seit 1963 und der erste Fußballmeister war der 1. FC Köln.

Jedes Land hat auch seine eigene Liga, in der Vereine unter sich den Meister ausmachen. Die Fußballfans spielen nicht nur selbst, sondern schauen sich die Spiele in diesen Ligen im Stadion oder auch im Fernseher an. In Deutschland ist es die Bundesliga.

2.2 Die Regeln

Fußball ist ein aufregender Sport, er hat aber auch klare Regeln, damit das Spiel immer fair abläuft. Lass uns die wichtigsten Regeln genauer anschauen!

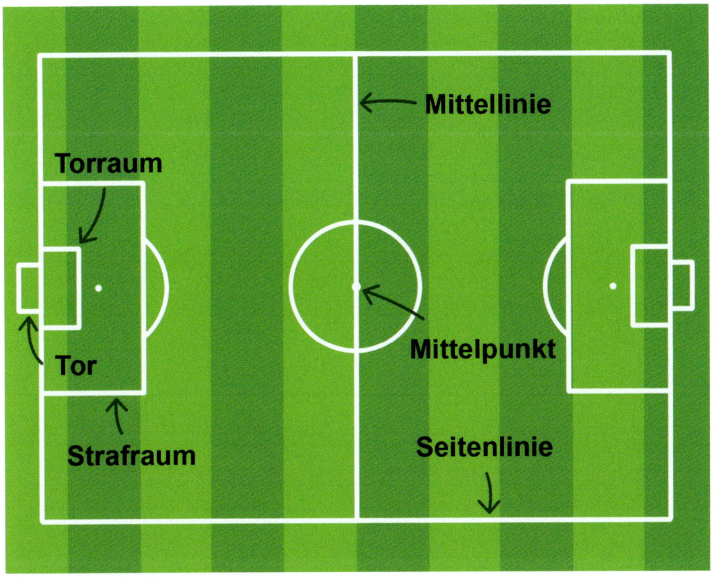

Das Spielfeld

Ein Spielfeld ist immer rechteckig und hat zwei Tore, eines auf jeder Seite. Normalerweise ist ein Spielfeld 100 Meter lang und 50 Meter breit. Aber keine Sorge, wenn du als Fußballer anfängst, wirst du auf einem sehr viel kleineren Spielfeld spielen.

Die Mannschaften

In einem Spiel stehen sich immer zwei Mannschaften gegenüber, jede mit 11 Spielern, wovon einer der Torwart ist. Wenn du mit dem Fußballspielen beginnst, seid ihr erst mal nur 4 oder sogar 3 Spieler in einer Mannschaft.

Die Halbzeiten

Ein Spiel ist in zwei Hälften unterteilt. Bei den Erwachsenen dauert jede Halbzeit 45 Minuten. Insgesamt dauert das Spiel also 90 Minuten. Bei jüngeren Fußballern dauert das Spiel viel kürzer. Aber auch hier gibt es immer zwischen den Halbzeiten eine kurze Pause, in der sich die Spieler erholen können.

Der Gewinner

Die Mannschaft, die mehr Tore geschossen hat, gewinnt das Spiel. Wenn beide Mannschaften gleich viele Tore haben (oder gar keine Tore gefallen sind), gibt es keinen Gewinner und das Spiel endet unentschieden.

Was erlaubt ist und was nicht

Hand!

Fußball hat seinen Namen nicht umsonst. Du darfst den Ball mit allen Körperteilen spielen außer mit der Hand oder dem Arm. Wenn du den Ball mal doch mit der Hand spielst, bekommt die gegnerische Mannschaft einen Freistoß.

Foul!

Beim Kampf um den Ball dürft ihr euch zwar berühren und auch mal ohne Arme drücken oder schieben, aber dabei darfst du deinen Gegenspieler weder treten oder stoßen noch festhalten. Das wäre ein Foulspiel und die andere Mannschaft bekommt einen Freistoß.

Aus!

Geht der Ball ins Aus über eine der Seitenlinien, bekommt die Mannschaft einen Einwurf, die den Ball nicht rausgespielt hat. Beim Einwurf wird der Ball über den Kopf wieder ins Spielfeld geworfen. Geht der Ball über die gegnerische Torlinie ins Aus, bekommt die andere Mannschaft einen **Abstoß** vom Tor. Das bedeutet, der Ball wird vom Tor aus wieder mit dem Fuß ins Spiel gespielt. Spielst du den Ball allerdings über die eigene Torlinie, bekommt die gegnerische Mannschaft einen **Eckball**. Beim Eckball wird der Ball von einer Ecke des Spielfeldes mit dem Fuß wieder ins Spiel gebracht.

2.3 Die richtige Ausrüstung

Ich finde, eines der schönsten Dinge am Fußball ist, dass du nur einen Ball brauchst und am besten ein paar Freunde und direkt loslegen kannst. Wobei wir früher nicht mal unbedingt einen Ball gebraucht haben. Auf dem Schulhof hat uns auch eine Cola-Dose gereicht, um in den Pausen spannende Fußballmatches auszutragen. Also: Fußball kannst du immer und überall spielen. Hier kommen noch einige Dinge, außer dem Fußball, die du als richtiger Fußballer gebrauchen kannst:

Fußballschuhe

Die Wahl der richtigen Schuhe hängt vom Untergrund ab und ist wichtig, denn sie geben dir guten Halt und Kontrolle über den Ball. Es gibt vor allem drei Hauptarten von Fußballschuhen:

Stollenschuhe: Das ist die bekannteste Art von Fußballschuh. Sie haben einige kleine Stollen unten an der Sohle und sind perfekt für einen tiefen Untergrund, also beispielsweise auf nassem Rasen.

Nockenschuhe: Diese Schuhe haben ganz viele kleine Nocken (wie kleine Stollen) an der Sohle. Man kennt sie auch als Tausendfüßler. Sie sind gut geeignet für einen härteren Untergrund, zum Beispiel auf einem flacheren Kunstrasen.

Hallenschuhe: Wenn der Winter eingebrochen ist und man auf den Plätzen draußen nicht mehr spielen kann, dann braucht man auch Schuhe für die Halle. Diese haben eine flache und helle Sohle und sind aus einem Material, das das Rutschen auf dem Hallenboden verhindert.

Schienbeinschoner

Der Schienbeinschoner ist wie eine Rüstung für dein Bein. Er schützt die empfindlichste Stelle deines Beines, welche auch gleichzeitig am meisten abbekommt, wenn im Spiel ein Gegenspieler aus Versehen den Ball verfehlt und stattdessen dein Bein trifft: das Schienbein.

Trikot, Hose und Stutzen

Wenn eine Mannschaft ein offizielles Spiel gegen eine andere Mannschaft austrägt, braucht ihr gleiche Trikots, Hosen und Stutzen, damit man sieht, wer zu einem Team gehört. Meistens sind diese Teile farblich passend. Zu einem Trikot gehört die Nummer hinten drauf. Manchmal steht auch noch der Teamname dabei. Bei professionellen Mannschaften steht oft sogar noch der Name darunter. Die Hosen sind kurz und die Stutzen sind lange Socken, die du über die Schienbeinschoner ziehst.

Für den Torwart: **Handschuhe**

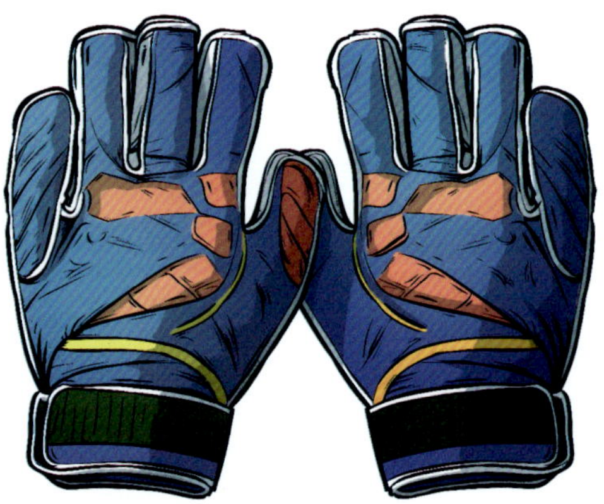

Wenn du Torwart bist, hast du spezielle Handschuhe, mit denen du den Ball besser im Griff hast.

Wasserflasche

Nicht vergessen: deine Wasserflasche. Fußball ist anstrengend. Da solltest du nach dem Spiel und in den Pausen genug trinken.

2.4 Die Positionen auf dem Spielfeld

Beim Fußball kannst du innerhalb deiner Mannschaft viele verschiedene Positionen spielen. Jeder Spieler ist wichtig und hat auf seiner Position unterschiedliche Aufgaben, damit ihr als Team erfolgreich spielen könnt. In diesem Kapitel stelle ich dir die einzelnen Positionen vor. Vielleicht findest du hier schon eine Rolle besonders spannend und es hilft dir, deine Lieblingsposition zu finden.

2.4.1 Verteidiger

Wir beginnen mit den Verteidigern: Ihre entscheidende Rolle innerhalb des Teams besteht darin, die gegnerischen Angriffe zu stoppen. Es gibt zwei Hauptkategorien unter den Verteidigern: Innenverteidiger und Außenverteidiger.

Innenverteidiger – Die Felsen in der Abwehr

Innenverteidiger sind wie die Felsen in der Abwehr. Sie stehen zentral in letzter Linie vor dem eigenen Torwart. Ihre Hauptaufgaben sind:

- Gegnerische Bälle nach vorn abfangen und die gegnerischen Stürmer nicht zum Schuss aufs Tor kommen lassen.
- Wenn deine Mannschaft selbst den Ball hat, ist ihre Aufgabe meistens, das Spiel von der Abwehr aus zu starten, um mit ihren genauen Pässen zu Mitspielern eigene Angriffe einzuleiten.

Um ein guter Innenverteidiger zu sein, solltest du diese Eigenschaften haben:

- Zweikampfstärke: Beim Kampf um den Ball musst du standhaft sein und dich gegen die gegnerischen Angreifer behaupten können. Lass dich nicht wegschieben und erobere den Ball vom Angreifer.
- Gute Positionierung: Diese Eigenschaft gehört schon zu fortgeschrittenen Fußballspielern. Es bedeutet, dass du am richtigen Fleck stehst und die Aktionen vom Gegner manchmal schon vorausahnst, um so den Ball abzufangen, bevor er beim Angreifer ankommt.

Außenverteidiger – Die Flügelspieler in der Abwehr

Die Außenverteidiger stehen links und rechts von den Innenverteidigern. Zu ihren Aufgaben gehören:

- Das eigene Tor vor Angriffen von außen und vor Flanken in den Strafraum schützen.
- Die Unterstützung des Angriffs. Als Außenverteidiger kannst du auch mit nach vorn gehen und den Angriff verstärken. Zum Beispiel mit Flanken in den gegnerischen Strafraum.

Ein Außenverteidiger muss also viele Sachen gut können. Dazu gehören:

- Schnelligkeit und Ausdauer: Die gegnerischen Angreifer sind oft sehr schnell, daher solltest du als Außenverteidiger schnell genug sein, um diese stoppen zu können.
- Ausdauer: Da du dich auch mit in den Angriff einschaltest, aber auch immer in der Abwehr gebraucht wirst, musst viel hin und her rennen.
- Dribbling: Damit du deinen Teamkollegen im Angriff helfen kannst, wäre es gut, wenn du auch offensive Fähigkeiten besitzt. Dazu gehört zum Beispiel das Dribbling, mit dem du am Gegenspieler vorbeikommst und so einen Pass auf deinen Teamkollegen im Angriff spielen kannst.

2.4.2 Mittelfeldspieler

Vor den Abwehrspielern sind die Mittelfeldspieler positioniert. Sie sind das Herzstück eines Teams und haben die wichtige Aufgabe, das Spiel zu kontrollieren und zu dirigieren. Auch bei den Mittelfeldspielern unterscheiden wir wieder zwischen zwei Typen:

Defensiver Mittelfeldspieler – Der Schild vor der Abwehr

Die defensiven Mittelfeldspieler sind etwas weiter hinten positioniert und arbeiten eng mit der Abwehr zusammen. Sie haben viele Aufgaben:

- Sie sind die erste Verteidigungslinie und versuchen, die Abwehr vor gegnerischen Angriffen abzuschirmen. Im Notfall helfen sie aber auch hinten aus.
- Wenn der Gegner im Mittelfeld den Ball hat, versuchen sie diesen abzujagen.
- Wenn sie den Ball erobert haben, geben sie den Takt an, wie weitergespielt wird. Sie können entweder schnell nach vorn spielen oder den Ball erst mal sicher in den eigenen Reihen halten.

Wenn du diese Eigenschaften hast, wirst du dich im defensiven Mittelfeld bestimmt wohlfühlen:

- Als defensiver Mittelfeldspieler sollte es dir Spaß machen, dem Gegner den Ball abzujagen.

- Tore schießen ist nicht das allerwichtigste für dich. Gegentore verhindern macht dir mindestens genauso viel Spaß.
- Du spielst gern mit deinen Teamkameraden zusammen, spielst sichere Pässe und hast einen guten Überblick, was gerade auf dem Platz passiert.

Offensive Mittelfeldspieler – Die Künstler im Angriff

Im offensiven Mittelfeld spielen oft die sogenannten „Spielmacher". Sie können auch in der Defensive aushelfen, aber orientieren sich mehr nach vorn.

- Sie sind kreativ und können so den Gegner mit besonderen Pässen überraschen.
- Sie geben Vorlagen für die Stürmer, damit diese ein Tor erzielen können.

Die offensiven Mittelfeldspieler sind oft besondere Spieler, die auch besondere Eigenschaften haben:

- Schnelligkeit: Das bedeutet aber, dass sie nicht unbedingt schnell laufen können müssen. Sondern, dass sie schnell im Kopf sind und ihre Aktionen schnell ausführen.
- Ballkontrolle: Sie müssen geschickt mit dem Ball umgehen und diesen gut kontrollieren können, damit die Verteidiger es umso schwerer haben, den Ball abzunehmen.
- Spielübersicht: Der offensive Mittelfeldspieler hat das Spiel gut im Blick, damit er seine Kreativität und seine Mitspieler gut einsetzen kann.

2.4.3 Stürmer

Die Stürmer stehen an vorderster Front und sind die ersten Angreifer in deiner Mannschaft. Sie sind die Torjäger und ihre wichtigste Aufgabe ist das Toreschießen. Auch bei den Stürmern unterscheiden wir wieder zwischen zwei verschiedenen Typen:

Außenstürmer – Der Pfeil an der Seitenlinie

Die Außenstürmer werden auch oft Flügelspieler genannt. Sie sind an den beiden Außenseiten des Spielfeldes positioniert. Zu ihren Aufgaben gehören:

- Flanken in den Strafraum schlagen. Das können hohe oder flache Pässe in den Strafraum sein, die Gefahr und Torchancen erzeugen.
- Natürlich gehört auch das Toreschießen zu ihren Aufgaben. Normalerweise schießt der Stürmer im Zentrum mehr Tore insgesamt, aber auch der Außenstürmer sollte regelmäßig ein Tor schießen.
- Sie sollten auf der Außenseite auch einen Gegenspieler ausdribbeln, um so einen Vorteil für das gesamte Team zu erarbeiten.

Wie du siehst, werden an den Außenstürmer hohe Ansprüche gestellt. Damit er diese erfüllen kann, braucht er einige Eigenschaften:

- Schnelligkeit: Flügelspieler sind fast immer sehr schnell. Damit können sie besser an den gegnerischen Verteidigern vorbeistürmen und diese hinter sich lassen.
- Ballführung: Oft reicht es nicht, nur schnell zu sein. Wenn du während des Laufens den Ball nah am Fuß halten kannst, kannst du die Gegenspieler noch besser ausdribbeln.
- Einen guten Schuss: Wenn der Flügelspieler angreift, kommt er meist von außen. Er schlägt von dort aber nicht nur Flanken, sondern läuft manchmal in die Mitte Richtung Tor, um aus der Entfernung aufs Tor zu schießen. Dafür braucht er einen starken Schuss.

Mittelstürmer – Auf der Jagd nach Toren

Der Mittelstürmer ist der Mittelpunkt im Sturm deiner Mannschaft. Er spielt im Zentrum der vordersten Reihe und ist normalerweise der Spieler, der die meisten Tore für euch schießt. Das sind seine Aufgaben:

- Tore schießen! Die bekannteste Rolle des Stürmers ist die des Torjägers. Schießt der Stürmer viele Tore, sind alle zufrieden. Wenn er nicht ganz so viele Tore schießt, kann er seine Qualitäten aber auch anders zeigen.

- Zum Beispiel den Ball gut kontrollieren. Wenn du als Stürmer angespielt wirst, ist es wichtig, dass du den Ball gut kontrollierst und nicht an den gegnerischen Abwehrspieler verlierst. So bleibt deine Mannschaft in Ballbesitz und ihr habt weiterhin die Chance, gefährlich vors Tor zu kommen.
- Der Mittelstürmer muss sich gut positionieren auf dem Spielfeld, damit er auch möglichst angespielt werden kann.

Die Mittelstürmer-Position ist spannend. Es kann sein, dass man manchmal weniger oft den Ball bekommt, aber wenn er mal beim Stürmer ist, dann wird es aufregend. Wenn du gerne als Mittelstürmer spielen willst, dann helfen dir diese Eigenschaften:

- Ein kräftiger Körper kann dir dabei helfen, den Ball vor den gegnerischen Verteidigern abzuschirmen, damit du den Ball sicher zu deinen Mitspielern weiterleiten kannst.

- Ein guter Schuss ist natürlich besonders wichtig, wenn du oft aufs Tor schießt und Tore erzielen willst. Das heißt aber nicht unbedingt, dass dein Schuss besonders hart sein muss. Natürlich hilft es, wenn du einen kräftigen Schuss hast, aber fast noch wichtiger ist es, dass du platziert schießen kannst. Ein starker Ball in die Mitte ist für den Torwart leichter zu halten als ein Schuss, der nicht so stark ist, dafür aber genau ins Eck geht.
- Torinstinkt und Coolness. Wenn du die Chance hast, ein Tor zu erzielen, vor dem Tor bist und dabei nicht nervös wirst, hast du einen großen Vorteil. Und wenn du instinktiv spürst, wann der richtige Moment ist, um auf das Tor zu schießen, ist das ein weiteres Zeichen für das Torjäger-Gen in dir.

2.4.4 Der Torwart – der Hüter des Tores

Der Torwart, auch Torhüter genannt, ist der Held zwischen den Pfosten. Wenn selbst die Abwehr den gegnerischen Angriff nicht mehr stoppen konnte, ist er die letzte Rettung, um ein gegnerisches Tor zu verhindern. Die Position des Torwarts ist eine besondere, denn für ihn gelten andere Regeln als für seine Mitspieler. Er darf den Ball nämlich mit der Hand spielen! Allerdings nur in seinem eigenen Strafraum. Der Torwart ist wichtig für eine Mannschaft. Wenn sich die anderen Spieler auf ihn verlassen können, gibt ihnen das Sicherheit für ihr eigenes Spiel.

Und er hat mehr Aufgaben, als man zunächst denkt:

- **Bälle halten!**

  Natürlich ist seine wichtigste Aufgabe trotzdem das Halten von gegnerischen Schüssen, die auf das Tor fliegen. Wenn er es schafft, einen besonders schwierigen Schuss zu halten, spricht man von einer Parade. Die machen als Torwart besonders Spaß.

- **Das Spiel einleiten**

  Fängt der Torhüter einen Ball oder geht er ins Toraus, dann ist der Ball erst mal bei ihm und er hat kurz Zeit, den nächsten Pass zu spielen, mit dem das Spiel fortgesetzt wird. Deswegen sollte auch der Torwart einen guten Pass spielen können. Außerdem muss er auch entscheiden, ob es besser ist, einen kurzen Pass zu spielen oder vielleicht den Ball zu werfen, um ihn so weiter nach vorn zu befördern.

- **Mit der Abwehr reden**

  Von seiner Position ganz hinten hat der Torwart die beste Übersicht über das Spielfeld. Dadurch kann er seinen Abwehrspielern gute Tipps geben. Zum Beispiel kann er die Verteidigung warnen, sollten sie einen gegnerischen Angreifer übersehen haben.

Diese Eigenschaften können aus dir einen guten Torwart machen:

- **Schnelle Reflexe**

  Um die Schüsse auf dein Tor abzuwehren, hilft es dir, wenn du gute Reflexe hast. Vor allem bei Schüssen aus naher Entfernung ist es für tolle Paraden wichtig, dass du schnell reagieren kannst.

- **Mut**

  Die Position des Torhüters ist eine besondere. Du solltest keine Angst vor dem Ball haben. Denn Schüsse können auch sehr hart aufs Tor kommen und als Torwart solltest du immer bereit sein, dich vor den Ball zu werfen.

Als Torwart kannst du viel Spaß haben. Du solltest diese Position, so wie alle anderen auch, unbedingt mal ausprobieren.

3. Das Zusammenspiel

Das Zusammenspiel mit deinen Teamkameraden ist der wichtigste Teil beim Fußball. Natürlich sind auch einzelne Leistungen eines Spielers wichtig, aber nur wer gut zusammenspielt, wird als Team

erfolgreich sein. Dieses Zusammenspiel ist die große Kunst beim Fußball. Das ist wie bei einem Orchester, wenn alle Instrumente perfekt zusammenspielen und so ein toller Klang herauskommt. Das Fußballspiel wird besonders schön, wenn ihr den Ball gut passen und annehmen könnt und der Ball gekonnt durch eure eigenen Reihen läuft. In diesem Kapitel lernen wir gemeinsam, wie du den Ball richtig annimmst und wie du ihn am besten weiterpasst.

3.1 Der sichere Pass

Zuerst schauen wir uns an, wie die Technik für einen richtigen Pass aussieht, der möglichst sicher zum Mitspieler kommt. Auf diese Dinge kommt es an:

- Spiele den Ball mit dem Innenrist. Der Innenrist ist die Innenseite deines Fußes. Den Ball triffst du mit der Stelle an deinem Fuß, wo der Knochen ist. Deinen Fuß musst du stabil halten. Das heißt, dein Fuß knickt im Sprunggelenk nicht weg.

- Stelle dein Standbein neben dem Ball ab. Der Fuß zeigt ungefähr in die Richtung, in die du passen möchtest.
- Den Ball triffst du möglichst in der Mitte. So stellst du sicher, dass der Ball gerade läuft und bei deinem anvisierten Ziel ankommt. Schwinge mit dem Bein durch.

- Bevor du den Pass spielst, schaust du zum Mitspieler, den der Pass erreichen soll. Beim Spielen guckst du dann auf den Ball. Später, wenn du dich sicher beim Passen fühlst, kannst du den Pass auch spielen, ohne auf den Ball zu gucken.
- Die richtige Stärke des Passes ist auch wichtig. Spielst du zu stark, kann dein Mitspieler den Ball nicht annehmen. Spielst du den Ball allerdings zu schwach, fällt es deinem Gegenspieler leichter, den Ball abzufangen.

3.2 Den Ball richtig annehmen

Jetzt, nachdem du die Kunst des sicheren Passens kennengelernt hast, wird es Zeit zu lernen, wie man so einen Pass gekonnt annimmt. Bei der Ballannahme geht es darum, den Ball unter Kontrolle zu bekommen und dich für die nächste Aktion vorzubereiten. Wenn du gut mit deinen Teamkameraden zusammenspielen willst, ist die Ballannahme genauso wichtig wie das Passen. Hier kommen einige Tipps, die du beachten solltest:

- Drehe deinen Körper in die Richtung des kommenden Balls. So ähnlich, wie wenn du einen Pass spielst.
- Wie beim Passen verwendest du bei der Ballannahme die Innenseite des Fußes.
- Dämpfe den ankommenden Ball mit deinem Fuß ab. Nimm dem Ball die Geschwindigkeit, indem du mit dem Fuß leicht nachgibst, sobald der Ball auf den Fuß prallt. Je schneller der Ball kommt, desto mehr musst du ihn abdämpfen.
- Beuge leicht das Knie deines Standbeins. So hast du eine bessere Kontrolle über deinen Körper, um zu reagieren.
- Behalte den Ball im Auge, um so die Flugbahn besser einschätzen zu können.
- Je näher der Ball bei der Annahme bei dir bleibt, also je weniger weit er wegspringt, desto besser. So hast du den Ball schnell unter Kontrolle und kannst weiterspielen.

3.3 So übst du das Passen und Annehmen

Herzlichen Glückwunsch, du hast jetzt die Grundlage für die richtige Technik kennengelernt, die du für das Zusammenspiel brauchst. Doch das war bisher nur die Theorie. Deswegen geht es jetzt darum, das Gelernte auch zu üben. Denn nur mit viel Übung kannst du ein Meister des Zusammenspielens werden. Es gibt hilfreiche Übungen, die du allein oder zusammen mit deinen Freunden machen kannst. Hier sind die Übungen, die du allein machen kannst, wenn dir mal kein Spielpartner zur Verfügung steht. Ansonsten kannst du diese aber auch mit einem Partner machen:

Gegen die Wand

Suche dir einen passenden Ort, wo du den Ball gegen die Wand spielen kannst, von wo er wieder zu dir springt. Das kann eine Wand in einer Halle oder eine Bande auf einem Sportplatz sein. Du kannst

dir auch selbst eine Wand bauen, zum Beispiel mit einer seitlich gelegten Bierbank.

Die erste Übung startet einfach: Spiele den Ball gegen die Wand und nimm ihn kontrolliert an, wenn er zurückkommt. Wiederhole das so lange, bis du ein gutes Gefühl hast. Wechsle deine Füße ab und variiere mit dem Abstand, um sowohl kurze als auch lange Pässe zu üben.

Ziele treffen!

Baue dir ein Ziel auf, das du treffen willst. Das kann etwas Einfaches sein wie deine Jacke, die auf dem Boden liegt. Wenn du beispielsweise zwei Hütchen nimmst, die du nebeneinander als Tor aufstellst, kannst du den Abstand variieren und somit das Ziel leichter und schwieriger zu treffen machen.

Gegen die Wand mit Hütchen

Du spielst wieder mit der Wand. Stelle zudem zwei Hütchen nebeneinander auf – mit demselben Abstand, wie du zur Wand stehst. Starte neben und etwas hinter einem Hütchen und spiele den Ball wieder gegen die Wand. Wenn er zurückkommt, nimm den Ball an und gehe dann mit ihm um das andere Hütchen und wiederhole von dort den Ablauf von der anderen Seite.

Die nächsten Übungen kannst du mit einem Partner machen:

Pässe durch Hütchen

Baut ein kleines Tor aus zwei Hütchen auf. Je enger ihr das Tor macht, desto schwieriger wird die Übung. Stellt euch jeweils einige Meter vom Tor auf und passt euch den Ball durch das Tor hindurch zu. Zuerst stoppt ihr den Ball, bevor ihr ihn wieder zurückpasst.

Wenn ihr darin schon gut seid, könnt ihr irgendwann den Ball direkt zurückpassen, ohne ihn vorher zu stoppen.

Passen im Laufen

Stellt euch einige Meter voneinander entfernt auf und lauft nebeneinander in eine Richtung. Passt euch den Ball dann seitlich zu. Dabei

bleibt ihr im Laufen. Benutzt zum Passen den Fuß, der jeweils weiter entfernt ist vom Partner. Wenn du den Ball bekommst, führe ihn kurz mit und passe ihn dann wieder zurück.

3.4 Traumpass wie Toni Kroos – der Mittelfeld-Maestro

Hast du den sicheren Pass nun schon viel geübt? Und fühlst du dich mittlerweile richtig sicher, sodass du den Pass zum Mitspieler bringst, ohne darüber nachzudenken?

Dann wird es Zeit, den Traumpass zu lernen. Diesen Pass spielen auch Mittelfeld-Stars wie Toni Kroos. Er ist nicht nur einer der Besten, wenn es um den sicheren Pass geht, sondern auch einer der erfolgreichsten deutschen Fußballer aller Zeiten. Mit dem FC Bayern München ist der Mittelfeld-Stratege mehrmals deutscher Meister geworden. Die meiste Zeit spielte er für Real Madrid in Spanien,

mit denen er mehrmals Champions-League-Sieger wurde – das sogar drei Jahre hintereinander. Und als Krönung für jeden Fußballer wurde er 2014 mit Deutschland Weltmeister.

Der Traumpass ist technisch etwas schwieriger als der normale Pass, den du bisher gelernt hast. Mit diesem Pass kannst du längere Strecken überbrücken und einen Mitspieler anspielen, der weiter entfernt von dir ist. Ein weiterer Unterschied ist, dass der Ball in die Luft geht und knapp über dem Boden fliegt.

So spielst du den Traumpass wie Toni Kroos:

- Du kannst einen oder zwei Schritte Anlauf nehmen. Dieser kommt etwas von der Seite.
- Dein Standfuß landet etwas hinter dem Ball und etwas weiter entfernt als beim flachen Pass.
- Hole Schwung mit dem Bein, dein Körper ist leicht zur Seite gebeugt. Dein Arm hilft dir, die Balance zu halten.
- Dein Schussbein ist gestreckt und der Fuß ausgestreckt. Den Ball triffst du mit dem oberen Teil deines Fußes, dort wo dein Knochen ist.
- Triff den Ball leicht unterhalb der Mitte.
- Schwinge dein Bein durch und bringe den Fuß schnell wieder auf den Boden.

Wenn alles gut klappt, fliegt der Ball ganz knapp über dem Boden zu deinem Mitspieler.

4. Die Techniken für Verteidiger

In der Welt des Fußballs sind es oft die Stürmer, die viele Tore schießen und daher im Fokus stehen. In einem engen Spiel sind aber meistens die Verteidiger die heimlichen Helden. Ihre Aufgabe ist es, Tore zu verhindern und die Abwehr stark zu halten. Lass uns also gemeinsam lernen, wie du am besten gegnerische Angriffe stoppen und das eigene Tor schützen kannst.

4.1 So verhältst du dich richtig in der Abwehr

Zusammenspiel mit deinen Abwehrkollegen

Ein Verteidiger allein hat keine Chance gegen die gegnerischen Angreifer. Um ein unüberwindbares Bollwerk zu bilden, müsst ihr zusammenspielen und eine Einheit bilden. Lasst die Abstände zwischen euch nicht zu groß werden, damit die Stürmer keine Lücken finden. Falls dein Mitspieler Probleme hat, einen Angreifer zu stoppen, dann unterstütze ihn. Passe dabei aber trotzdem darauf auf, dass du nicht einen anderen Angreifer freistehen lässt. Der könnte sonst ganz einfach angespielt werden und es könnte zu einer Torchance kommen.

Den Angreifer nicht aus den Augen lassen

Nicht nur in den Situationen, in denen du deinem Mitspieler zu Hilfe eilst, auch sonst solltest du immer wissen, wo sich dein Gegenspieler gerade befindet. Ein guter Stürmer versucht sich gerne mal heimlich in deinem Rücken davonzustehlen. Du musst nicht immer ganz nah an ihm dran sein. Wenn du es aber nicht

bist, musst du dir sicher sein, dass der Ball nicht zu ihm kommen kann, ohne dass du noch eingreifen kannst.

- **Den sicheren Pass spielen**

  Wie du den sicheren Pass spielst, haben wir ja schon gelernt. Als Abwehrspieler ist es besonders wichtig, dass du diesen beherrschst. Ein Pass vom Abwehrspieler, der nicht beim Mitspieler, sondern beim Gegner ankommt, kann schnell zu einer gefährlichen Situation führen. Deshalb musst du dich als Verteidiger besonders konzentrieren, wenn du einen Pass spielst.

4.2 Der Zweikampf – Die Königsdisziplin für Verteidiger

Der Zweikampf ist ein zentrales Element im Fußball und hat vor allem für die Verteidiger eine wichtige Bedeutung. Beim Zweikampf geht es darum, den Ball vom Gegenspieler zu erobern oder sich gegen diesen zu behaupten. Hier muss man kraftvoll, geschickt, aber auch fair agieren. Schauen wir uns an, was dabei erlaubt ist und was ein Foulspiel bedeutet:

Das darfst du im Zweikampf machen

- Den Körper einsetzen: Wenn du deinen Arm am Körper hältst, darf ein gegenseitiger Kontakt stattfinden. Dann kann es auch mal zu einem Rempeln kommen. Ihr könnt euch Schulter an Schulter gegenseitig wegschieben, wenn der Ball in der Nähe ist.
- Dich zwischen Ball und Gegner bringen: Wenn du dich geschickt anstellst und es schaffst, dich zwischen den Gegenspieler und den Ball zu bringen, wirst du den Zweikampf erfolgreich für dich gestalten.

Das solltest du im Zweikampf nicht machen

- Den Gegenspieler stoßen: Zwar darfst du deinen Körper einsetzen und den Gegner Schulter an Schulter auch mal wegschieben, allerdings darfst du ihn dabei nicht wegstoßen.
- Den Gegner am Trikot ziehen: Wenn du den Gegenspieler an seiner Kleidung festhältst oder ziehst, wird der Schiedsrichter schnell ein Foul pfeifen.
- Den Gegenspieler treten: Wenn du versuchst, den Ball von deinem Gegner abzunehmen, kann es schon mal passieren, dass du nicht nur den Ball triffst, sondern auch die Beine des Gegenspielers. Das kann auch unabsichtlich passieren. Trotzdem gilt es dann als Foulspiel.

4.3 So trainierst du, um ein Abwehr-Riese zu werden

Jetzt schauen wir uns gute Übungen an, mit denen wir das Gelernte umsetzen können. Diese Übungen kannst du alle mit einem Partner machen.

Balljagd

Steckt euch mit Hütchen ein kleines Quadrat ab, das ein paar Meter lang und breit ist. Ein Spieler hat den Ball am Fuß. Der andere Spieler versucht, den Ball abzunehmen. Beachtet dabei die Regeln, die wir für den Zweikampf kennengelernt haben. Der Spieler mit dem Ball muss diesen clever abschirmen. Der Ball darf das Quadrat dabei nicht verlassen. Hat ein Spieler es geschafft, den Ball zu erobern, macht ihr eine kurze Pause und tauscht dann die Rollen.

Eins-gegen-Eins

Baut euch ein kleines Tor auf. Ein Spieler hat den Ball und ist der Angreifer, der andere Spieler ist der Verteidiger. Der Angreifer versucht, den Ball am Abwehrspieler vorbeizubekommen und ins Tor zu schießen. Als Abwehrspieler musst du hier geduldig verteidigen und auf die Pläne des Angreifers richtig reagieren.

Ballduell

Du und dein Partner spielen wieder im Quadrat wie bei der Balljagd. Das Spielfeld ist diesmal etwas größer und jeder von euch führt einen Ball. Jetzt versucht ihr den Ball des jeweils anderen aus dem Quadrat zu kicken. Gleichzeitig müsst ihr euren eigenen Ball schützen. Hier kannst du versuchen, die Bewegungen deines Partners vorauszuahnen.

4.4 Die Abwehrstrategien von Mats Hummels – So gewinnst du jeden Zweikampf

Mats Hummels ist einer der besten Verteidiger aus Deutschland in den letzten Jahrzehnten. Er ist bekannt dafür, auch in schwierigen Situationen immer cool zu bleiben und so seinen Mitspielern Sicherheit zu geben. Mit diesen Stärken hat er nicht nur Borussia Dortmund und dem FC Bayern München zur deutschen Meisterschaft verholfen, sondern hat es sogar geschafft, mit Deutschland Weltmeister zu werden.

Schauen wir uns an, welche Tricks er und andere Weltklasse-Abwehrspieler wie Virgil van Dijk oder Sergio Ramos benutzen, um möglichst jeden Zweikampf zu gewinnen.

Seitlich zum Angreifer stehen

Wenn der gegnerische Stürmer auf dich zuläuft, stellst du dich vor ihm seitlich auf. So hat der Angreifer nur eine Seite, an der er an dir vorbeilaufen kann.

Geduldig bleiben

Versuche nicht zu vorschnell dem Angreifer den Ball abzunehmen. Sonst könnte es sein, dass er dich leicht ausdribbelt. Sei geduldig, wenn der Gegenspieler mit dem Ball auf dich zuläuft. Sobald er eine Aktion macht, mit der ihr dich ausdribbeln will, reagierst du darauf. Das ist es ein guter Moment, um ihm den Ball vom Fuß zu nehmen.

Ball und Gegner im Auge behalten

Natürlich solltest du den Ball nie aus den Augen verlieren. Allerdings musst du auch auf den Körper des gegnerischen Stürmers achten. Dieser kann dir verraten, was er als Nächstes vorhat.

5. Angreifer im Rampenlicht

In einer Fußballmannschaft sind die Angreifer die Spieler, die in der Offensive stehen und ihr Spiel nach vorn ausrichten. Dieses Kapitel widmet sich den Spielern, die häufig mit ihrem Feuer und ihrer Kreativität im Rampenlicht stehen. Lass uns gemeinsam die wichtigsten Techniken für Angreifer lernen.

5.1 Die Flanke

Die Flanke gehört zu den besten Möglichkeiten, um eine Torchance zu ermöglichen. Bei der Flanke wird der Ball von der Seite des Spielfelds vor das Tor gespielt. Das Ziel deiner Flanke ist ein Mitspieler vor dem gegnerischen Tor. Wenn die Flanke präzise den Mitspieler findet, wird fast immer eine gute Torchance entstehen. Meistens kommt eine Flanke hoch in den Strafraum. Gerade bei jüngeren Fußballern wie dir ist es normal, dass die Flanke auch etwas flacher kommt.

Schauen wir uns Schritt für Schritt an, wie du eine präzise Flanke schlägst:

1. Der Anlauf und die Position des Fußes

   Zwei bis drei Schritte Anlaufen reichen aus. Laufe in einem kleinen Bogen an. Der Fuß, auf dem du am Ende stehst, landet ein Stück vor und neben dem Ball auf dem Boden.

2. Den Ball richtig treffen

   Habe den Ball im Blick und triff ihn etwas unterhalb der Mitte. Flanke den Ball mit der inneren Seite deines Fußes.

3. Stärke und Körperhaltung

   Schwinge mit deinem Schussbein durch, damit der Ball bis in den Strafraum fliegt. Mit dem Oberkörper lehnst du dich leicht zurück.

Und nicht vergessen, auf deinen Mitspieler zu zielen. Je besser du deinen Pass spielst, desto höher die Chance, dass ihr kurz danach ein Tor bejubeln könnt.

5.2 Das Dribbling

Das Dribbling ist eines der spannendsten Elemente beim Fußball. Zum Dribbling setzt du an, wenn du im Angriff keinen freien Mitspieler hast, den du anspielen kannst. Dabei versuchst du, auf dem Weg zum gegnerischen Tor deine Gegenspieler hinter dir zu lassen. Für ein gutes Dribbling brauchst du Geschicklichkeit, Eleganz und natürlich eine gute Kontrolle über den Ball. Wenn du besonders versiert beim Dribbling bist, wirst du zum regelrechten Balltänzer.

5.2.1 Kylian Mbappé – Keiner ist schneller beim Dribbeln

Natürlich hilft es dir beim Dribbeln auch, wenn du schnell bist. Und keiner ist schneller als Kylian Mbappé. Er ist einer der besten Angreifer der Welt und wurde Torschützenkönig bei der Weltmeisterschaft 2022. Dort hat er es sogar geschafft, im Finale einen Hattrick zu erzielen (ein Hattrick sind drei Tore in einem Spiel). Bei den Verteidigern ist er einer der gefürchtetsten Angreifer. Denn wenn er einmal Fahrt aufgenommen hat, ist er wie ein Schnellzug und kaum aufzuhalten.

Hier sind Tipps, wie auch du zum Hochgeschwindigkeitsdribbler werden kannst:

- Den Ball nah am Fuß lassen

  Wenn der Ball am Fuß bleibt, als würde er daran festkleben, hast du den Grundstein für ein erfolgreiches Dribbling gelegt. Dann wird es sehr schwer für die Gegner, dir den Ball abzunehmen.

- Führe den Ball mit dem Spann

  Am schnellsten kannst du mit Ball laufen, wenn du ihn mit der Außenseite oder mit dem Spann führst. Der Spann gehört zur Oberseite deines Fußes.

- Viele Kontakte

  Versuche, bei jedem Schritt einen Kontakt mit dem Ball zu machen. Wenn das nicht zu hundert Prozent klappt, ist es kein Problem.

Je öfter du den Ball berührst, desto besser wird dein Gefühl dafür, wie stark du den Ball nach vorn spielen musst. Das wird auch dafür sorgen, dass der Ball enger bei dir bleibt.

- Körperhaltung

  Du bist locker in den Knien und mit deinem Oberkörper bist du leicht nach vorn gelehnt. Wenn du schnell mit dem Ball laufen willst, befindest du dich mit dem Oberkörper meistens über dem Ball.

5.2.2 Dribbeln wie Musiala – Der mit dem Ball tanzt

Jamal Musiala ist einer der Superstars der Zukunft im Fußball und auch jetzt schon nicht nur eines der größten Talente, sondern auch einer der besten Spieler in Deutschland. Er ist bekannt für seine atemberaubenden Dribblings und seine besondere Geschicklichkeit, mit der er durch die gegnerischen Abwehrreihen tanzt. Hier ist eine Technik, die zu seinen Spezialitäten gehört:

Das Pendel

Wie der Name schon verrät, lässt du hier den Ball zwischen deinen Füßen hin und her pendeln. Der Ball liegt zwischen deinen Füßen. Spiele ihn dann mit der Innenseite des einen Fußes zur Innenseite des anderen Fußes und wieder zurück. Versuche das immer wieder zu wiederholen, sodass der Ball zwischen deinen Füßen bleibt. Wenn du das oft genug machst, wirst du ein Gefühl für den Ball bekommen und dann kannst du das Pendel mit einem guten Rhythmus machen. Sobald du ein Gefühl für diesen Rhythmus hast, kannst du beim Pendeln gleichzeitig langsam vorn laufen. Jamal Musiala benutzt diese Bewegung besonders gerne, um Gegenspieler ins Leere laufen zu lassen. Wenn ein Abwehrspieler mit einem Fuß Richtung Ball geht und versucht, ihm diesen abzunehmen, dann schiebt Musiala den Ball seitlich zum anderen Fuß. Der Fuß des Gegners läuft dann ins Leere und Musiala spielt mit dem anderen Fuß den Ball am Gegner vorbei.

5.2.3 So dribbelt der Beste aller Zeiten – Die Technik von Messi

Wenn es um die Kunst des Dribbelns geht, darf einer natürlich nicht fehlen. Keiner hat in seiner Laufbahn so viele Gegenspieler ausgedribbelt wie Lionel Messi. Sein Dribbling ist auch bekannt dafür, dass er keine besonderen Tricks einsetzt. Er benutzt die Grundlagen der Fußballtechniken und hat diese perfektioniert. Lass uns von einem der größten Ballkünstler aller Zeiten lernen.

Turbo-Schwung

Lionel Messi ist bekannt dafür, unberechenbar zu bleiben. Mal legt er einen Raketenstart hin und die Gegenspieler kommen kaum hinterher. Kommt ihm der Gegner zu nahe, bremst er wieder ab, um dann im nächsten Moment wieder in Höchstgeschwindigkeit durchzustarten. Das kann die Gegenspieler aus dem Tritt bringen und dir helfen, sie hinter dir zu lassen.

Das kannst du auch ganz einfach auf dem Fußballplatz selbst üben. Laufe mit dem Ball über den Platz und steigere dein Tempo. Wenn du die maximale Geschwindigkeit erreicht hast, bremst du ab. Pass auf, dass du den Ball dabei nicht verlierst. Du musst ihn also stoppen. Dazu kannst du die Sohle, die Außenseite oder die Innenseite des Fußes benutzen. Versuche, nach dem Abstoppen so schnell wie möglich wieder Tempo aufzunehmen.

Doppel-Dribbel

Ein weiteres Element, um beim Dribbling unberechenbar zu sein, ist neben der Änderung der Geschwindigkeit auch die Änderung der Richtung, in die du läufst. Lionel Messi macht das in Perfektion. Er schlägt ständig Haken. Läuft nach links, dann rechts und lässt so die Abwehrspieler verwirrt zurück. Denn diese wissen nicht, wie sie sich einstellen sollen, wenn er immer wieder etwas anderes macht.

Für diese Richtungsänderungen musst du abwechselnd deine Innen- und Außenseite vom Fuß benutzen. Wenn du beispielsweise den Ball mit dem rechten Fuß führst, wird sich der Ball eher nach rechts bewegen. Wenn du ihn dann mit der Innenseite spielst, wird der Ball eher nach links rollen.

Das kannst du so üben:

Führe den Ball über den Platz. Mache alles mit demselben Fuß, erst zwei Berührungen mit der Außenseite, sodass der Ball schräg nach außen geht. Im Anschluss stoppst du den Ball mit der Innenseite, der Ball wird dann in die andere Richtung rollen. Dann wechselst

du den Fuß und machst das Gleiche mit diesem: zwei Berührungen mit der Außenseite und eine mit der Innenseite. Es kann sein, dass es dir mit deinem schwächeren Fuß noch schwerfällt. Dann kannst du auch erst mal nur mit deinem starken Fuß üben und sobald du hier sicher bist, versuchst du es noch mal in Kombination mit dem schwächeren Fuß.

5.3 Die besten Übungen, um ein guter Dribbler zu werden

Für ein gutes Dribbling ist es wichtig, dass du den Ball gut beherrschst. Das kannst du gut allein üben. Hier kommen drei Übungen, die du fast überall machen kannst.

■ Die Nähmaschine

Das ist eine Übung, bei der du lernst, ein Gefühl für den Ball während dem Laufen zu bekommen. Führe den Ball mit deinem starken Fuß geradeaus. Dabei benutzt du, wie weiter oben schon

beschrieben, den Spann. Hierbei geht es nicht darum, so schnell wie möglich nach vorn zu kommen. Sondern es geht darum, mit so vielen kleinen Berührungen wie möglich den Ball nach vorn zu führen. Der Fuß, der den Ball führt, berührt zwischen jeder Ballberührung den Boden und zwar nur mit der Fußspitze. Sobald du die Bewegung verstanden hast, kannst du dich darauf konzentrieren, die Berührungen so schnell wie möglich hintereinander zu machen.

Slalom-Parkour

Baue dir einen Slalom-Parkour auf. Am besten funktioniert das natürlich, wenn du professionelle Hütchen hast. Falls nicht, ist das aber auch kein Problem. Benutze stattdessen beispielsweise einfach eine Trinkflasche, Schuhe oder alles, was du gerade zur Hand hast. Stelle deine Slalom-Hindernisse in einem Abstand von ungefähr einem großen Schritt auf. Durchlaufe dann den Slalom mit dem Ball. Achte darauf, dass du den Ball immer eng bei dir behältst. Außerdem solltest du unbedingt versuchen, beide

Füße dabei zu benutzen. Wenn du dir im Slalom mit dem Ball sicher geworden bist, kannst du versuchen, den Parkour noch schneller zu durchlaufen.

Zickzack-Parkour

Beim Zickzack-Parkour läufst du auch wieder im Slalom durch Hütchen. Dieses Mal sind diese aber anders angeordnet. Sie stehen viel weiter seitlich auseinander. Starte an einem Hütchen und laufe dann mit dem Ball von Hütchen zu Hütchen im Zickzack. Umrunde die Hütchen jeweils außen. Dabei ist es wichtig, dass du möglichst eng um die Hütchen herumkommst. Verwende dabei die Innenseite deines Fußes und berühre damit den Ball möglichst oft beim Umrunden der Hütchen. Dabei musst du abwechselnd bei den Hütchen jeweils nur den linken und den rechten Fuß benutzen.

6. Torjäger

Jetzt sind wir ganz vorn in deinem Team angelangt. Dort spielen die Stürmer. In ihren Schuhen steckt die große Verantwortung, Tore zu schießen und ein gelungenes Teamspiel so erfolgreich zu vollenden. Der Job des Torjägers ist kein einfacher, oft müssen sie es gleich mit mehreren Abwehrspielern gleichzeitig aufnehmen. Manchmal sind sie in einem Spiel nicht oft zu sehen. Aber wenn es darauf ankommt, die entscheidende Chance zu verwandeln, sind sie da.

6.1 Stark schießen wie Haaland

Einer der treffsichersten Stürmer ist Erling Haaland. Bekannt wurde er in Deutschland, als er bei Borussia Dortmund gespielt und dort viele Fans für sich gewonnen hat, bevor er nach England zu Manchester City wechselte. Schon in seinen jungen Jahren hat der hünenhafte Norweger zahlreiche Rekorde aufgestellt und wurde schon Torschützenkönig in der Champions League und in der Premier League. Er ist bekannt für sein kraftvolles Spiel und einen starken Schuss.

Wende diese Technik an, wenn du stärker schießen willst:

- Dein Anlauf ist kurz, aber mit voller Kraft. Zwei, drei Schritte reichen.
- Dein Standbein landet neben dem Ball. Achte darauf, dass du einen festen Stand hast.

- Mit dem Schussbein holst du viel Schwung und den gegenüberliegenden Arm streckst du aus, damit du die Balance nicht verlierst.
- Den Ball triffst du mit dem Spann, der großen Fläche vorn auf deinem Fuß. Und dort an der Stelle, wo dein Knochen ist.
- Dein Fuß trifft den Ball ziemlich genau in der Mitte.
- Schwinge mit deinem Bein ganz durch.
- Außerdem ist es wichtig, dass du deinen ganzen Körper beim Schuss anspannst und vor allem deinen Fuß stabil hältst.

6.2 Die Torjägergeheimnisse von Lewandowski

Robert Lewandowski ist jetzt schon eine Stürmerlegende. Berühmt wurde er bei Borussia Dortmund, die er mit seinen Toren zur deutschen Meisterschaft und bis ins Finale der Champions League geschossen hat. Als er bei Bayern München gespielt hat, brach er zahlreiche Rekorde in der Bundesliga. Zum Beispiel hält er den Rekord für die meisten Tore in einer Saison (41) und wurde insgesamt siebenmal Torschützenkönig in der Bundesliga.

Hier kommen vier Tipps, die Robert Lewandowski und andere Stürmerstars beachten, um viele Tore zu schießen:

- **Genauigkeit ist wichtiger als Kraft**

  Wir haben ja schon gelernt, wie du einen starken Schuss ablassen kannst. Beim Toreschießen kommt es aber nicht nur auf die reine Kraft an. Noch wichtiger ist, dass du genau zielst. Schau erst, wo der Torwart steht. Visiere dann den Abschnitt im Tor an, der für ihn am schwierigsten erreichbar ist.

- **Flache Schüsse**

  Damit der Schuss für den Torwart schwierig erreichbar ist, kannst du auch das beachten: Flache Schüsse sind für den Torhüter meistens viel schwieriger zu halten, da er sich erst auf den Boden legen muss, wenn er den Ball abwehren will.

- **Das kleine Netz**

  Dieser kleine Tipp hilft dir, das richtige Ziel im Tor zu finden: Das „kleine Netz" sind die seitlichen Teile des Tores. Wenn dein Schuss den Weg auf ein kleines Netz im Tor findet, wird es meistens unmöglich für den Torwart, den Ball zu halten.

Das kleine Netz

Das lange Eck und das Torwarteck

Wenn du als Stürmer zum Schuss aufs Tor kommst, stehst du meistens nicht direkt in der Mitte vor dem Tor, sondern eher etwas seitlich von der Tormitte. Das lange Eck ist dann die Seite des Tores, welche weiter von dir entfernt ist. Das kurze Eck gehört dann zur näheren Seite. Der Torwart steht normalerweise eher im kurzen Eck, das daher auch Torwarteck genannt wird. Eine gute Wahl wäre für dich als Torjäger, entweder flach auf das lange Eck zu zielen oder hoch in das kurze Eck.

6.3 Mehr Tore schießen mit diesen Übungen

Tore zu schießen, macht viel Spaß. Und daher macht es auch Spaß, das Toreschießen zu üben. Denke beim Üben vor allem auch an die Tipps aus dem vorherigen Kapitel.

■ Hin und Her und Ablegen

Du und ein Partner stehen mit einigen Metern Abstand zueinander und mit einem guten Abstand zum Tor. Dein Partner steht mit dem Rücken zum Tor und du mit dem Blick auf das Tor. Spielt euch gegenseitig den Ball mit einem sicheren, flachen Pass zu. Dein Partner entscheidet irgendwann, dir den Ball nicht mehr zurückzuspielen, sondern ihn kurz zur Seite zu spielen. Dann gilt es für dich möglichst schnell zu reagieren, zum Ball zu laufen und kraftvoll aufs Tor zu schießen.

Links oder Rechts

Der Aufbau für diese Übung ist wieder derselbe und ihr passt euch den Ball zu. Dieses Mal wartest du, bis dir dein Partner ein Kommando zuruft: entweder links oder rechts. Je nach Aufruf deines Partners legst du dir den Ball auf die entsprechende Seite vor. Achte darauf, dass du dir den Ball nicht zu weit vorlegst. Perfekt wäre ein Abstand, mit du im Anschluss den Ball mit zwei Schritten Anlauf auf das Tor schießen kannst. Auf der rechten Seite schießt du mit dem rechten Fuß und auf der linken Seite mit dem linken Fuß.

Alleingang aufs Tor

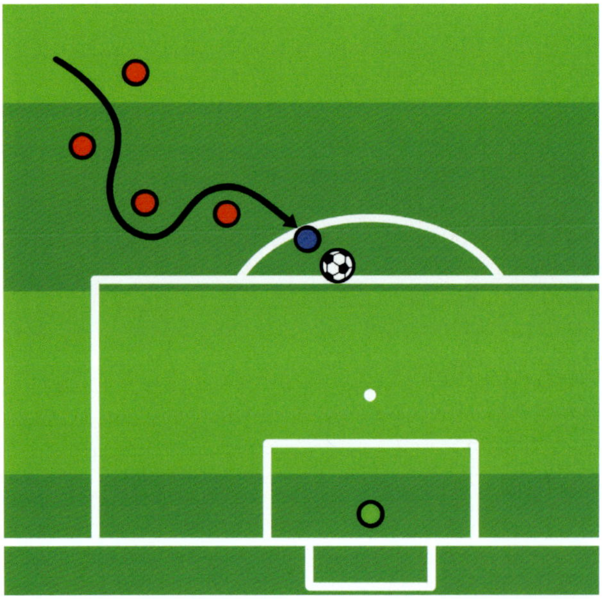

Diese Übung kannst du auch allein machen. Baue dir einen kurzen Slalom auf wie bei der Dribbelübung. Der Slalomparkour steht seitlich zum Tor und zeigt schräg in Richtung Tor. Laufe so durch den Parkour, dass du ihn am Ende auf der Seite verlässt, die weiter vom Tor entfernt ist. Schieße dann mit dem äußeren Fuß auf das Tor. Ziele flach auf das lange Eck oder hoch in das kurze Eck.

7. Fußballtricks – Die Kunst der Zauberei

Mittlerweile haben wir die wichtigsten Grundlagen des Fußballspiels gelernt. Jetzt können wir einen Blick auf die besondere Kunst des Fußballs werfen. Fußballtricks sind kunstvolle Bewegungen mit und um den Ball und helfen meistens, einen Gegenspieler zu täuschen und ihn so ins Leere laufen zu lassen. Tricks können die Zuschauer begeistern und aus dem Spiel ein Spektakel machen. Du solltest dir dabei aber immer sicher sein und Tricks nur mit Bedacht einsetzen. Geht es beim Tricksen nämlich schief und du verlierst den Ball, wird es von deinem Trainer und deinen Mitspielern nicht gern gesehen.

6.1 Übersteiger wie Cristiano Ronaldo

Cristiano Ronaldo ist einer der besten und legendärsten Spieler aller Zeiten. Er ist der Lieblingsspieler von sehr vielen Kindern und Jugendlichen und hat das Fußballspiel zu seiner Zeit geprägt. In der spanischen Liga bei Real Madrid und in der Champions League hat er viele Torrekorde aufgestellt. In der Champions League hält er zum Beispiel den Rekord für die meisten Tore insgesamt. Zu Beginn seiner Karriere wurde er aber auch berühmt durch die vielen Tricks, die er im Spiel gemacht hat. Der bekannteste Trick, den auch Cristiano Ronaldo oft ausgeführt hat, ist der Übersteiger.

Der Übersteiger kann dir helfen, einen Gegenspieler auszudribbeln. So führst du ihn aus:

- Der Ball liegt vor dir. Gehe mit einem Bein von innen nach außen um den Ball herum.
- Mache dabei eine kreisförmige Bewegung mit deinem Bein.
- Das Bein stellst du außen am Ball ab. Dann führst du den Ball mit der Außenseite des anderen Fußes zur anderen Seite weg.

Beim Übersteiger täuschst du durch die erste Bewegung mit deinem Fuß an, den Ball in eine Richtung mitzunehmen. Wenn du dann mit dem Ball doch in die andere Richtung läufst, wird dein Gegenspieler so ausgetrickst.

Und so übst du den Übersteiger am besten:

- Zuerst übst du den Übersteiger wie oben beschrieben im Stand.
- Wenn du die Bewegung verinnerlicht hast, gehst du dazu über, den Übersteiger im Laufen zu üben. Da sich der Ball dabei nach vorn bewegt, musst du die Bewegung um den Ball schnell genug machen, sonst kann dir der Ball wegrollen.
- Im nächsten Schritt stellst du dir ein Hütchen auf. Es soll einen imaginären Gegenspieler darstellen. Lauf auf dieses Hütchen zu und mache den Übersteiger vor dem Hütchen. Hier kannst du sehen, wann du deinen Übersteiger spätestens ansetzen musst, ohne dass du auf das Hütchen aufläufst. In einem echten Spiel würde der Ball dann nämlich direkt beim Gegenspieler landen.

6.2 Sohlenzieher wie Neymar

Die brasilianischen Fußballer sind bekannt für ihre Spielfreude und für ihr besonders schön anzusehendes Spiel. Sie werden oft als Ballzauberer bezeichnet. Einer stach dabei zuletzt besonders hervor: Neymar da Silva Santos Júnior, oder auch kurz „Neymar" genannt. Keiner trickst in Spielen so wie er. Das Schwierige bei den Tricks ist es, sie so einzusetzen, dass sie dir im Spiel helfen und nicht einfach nur gut aussehen. Diese Verbindung schafft keiner so gut wie Neymar. Er macht die spektakulärsten Tricks und lässt damit auch seine Gegenspieler hinter sich.

Wenn dein Traum ist, auch mal so zu tricksen wie Neymar, dann fange mit dem Sohlenzieher an. So geht er:

- Der Ball liegt vor dir. Gehe mit der Sohle eines Fußes auf den Ball. Der andere Fuß steht leicht vor und neben dem Ball.
- Ziehe den Ball mit der Sohle vor dem anderen Fuß vorbei.
- Stelle dann diesen Fuß wieder auf dem Boden ab und spiele ihn mit dem anderen Fuß nach vorn.
- Wenn du genug übst, wirst du alles in einer flüssigen Bewegung schaffen.

Übe diesen Trick in derselben Reihenfolge wie beim Übersteiger:

- Zuerst übst du den Trick aus dem Stand. Dann gehst du dazu über, den Trick im Laufen auszuführen.

- Wenn auch das gut klappt, läufst du auf ein Hütchen zu und machst den Trick vor dem Hütchen.
- Stelle dir vor, das Hütchen ist ein Gegenspieler, den du ausdribbeln möchtest. Achte darauf, dass du den Trick in einem passenden Abstand zum Hütchen machst.

Erinnerst du dich an das Pendel von Musiala? Dieser Trick hat das gleiche Prinzip. Bevor dein Gegenspieler den Ball mit seinem Fuß erreicht, ziehst du ihn mit einem Fuß zur Seite und legst ihn dann direkt mit dem anderen Fuß am Gegenspieler vorbei.

8. Taktik

Den praktischen Teil haben wir geschafft. Wir haben die wichtigsten Techniken gelernt und geübt. Es wird Zeit, die Theorie kennenzulernen. Lass uns eintauchen in die spannende Welt der Taktik.

Die Taktik ist der Bereich, um den sich die Trainer kümmern. Sie versuchen, das Spiel durch kluge Überlegungen und clevere Pläne zu lenken. Als Spieler musst du aber auch in der Lage sein, deinen Trainer zu verstehen, um seine Ideen auf dem Feld umzusetzen.

8.1 Bekannte Taktiken

Die Mauertaktik

Diese Taktik ist zu empfehlen, wenn ihr auf Nummer sicher gehen wollt oder wenn ihr gegen eine Mannschaft mit vielen sehr guten Spielern spielt. Ihr zieht euch als Mannschaft erst mal zurück und macht euch keine großen Sorgen, wenn die gegnerische Mannschaft den Ball hat. Ihr stellt euch eng in der Abwehr auf und habt viele Spieler auf dem Feld, die sich auf die Verteidigung konzentrieren. Da die Abwehrspieler ein Netz mit engen Maschen aufbauen, wird es schwer für die gegnerischen Angreifer durchzukommen. Bei dieser Taktik muss man aber sehr konzentriert bleiben und darf die Stürmer nie aus den Augen lassen.

Wenn ihr es geschafft habt, den Ball zu erobern, hat die gegnerische Mannschaft wahrscheinlich viele Spieler im Angriff. Das müsst ihr ausnutzen und den Ball schnell nach vorn spielen. Wenn es der

Gegner nicht schnell genug zurück in die Verteidigung schafft, könnt ihr eine gute Chance herausspielen. Denn ohne ein Tor zu schießen, könnt ihr das Spiel nicht gewinnen.

Angriff ist die beste Verteidigung

Eine moderne Taktik im Fußball nennt sich Pressing. Dabei seid ihr als gesamte Mannschaft Balljäger. Sobald die gegnerische Mannschaft den Ball hat, versucht ihr mit gemeinsamen Kräften, den Ball zu erobern. So macht ihr es dem Gegner auch schwer gekonnt zusammen zu spielen und es kann passieren, dass die andere Mannschaft Fehler macht. Wenn ihr so den Ball tief in der gegnerischen Hälfte erobert, seid ihr dem Tor schon ganz nahe und könnt so schnell zu einer Torchance gelangen.

Diese Taktik ist aber relativ anstrengend und auch nicht ungefährlich. Bleibt die gegnerische Mannschaft von eurer Balljagd unbeeindruckt, schafft sie es vielleicht trotzdem, den Ball zu behalten. Dann kann sie davon profitieren, dass ihr mit vielen Spielern vorne seid und in der Abwehr ungeordnet.

8.2 Die Taktik von Pep Guardiola – Das Trainer-Genie

Einer der bekanntesten und erfolgreichsten Trainer unserer Zeit ist der Spanier Pep Guardiola. Er war zu Beginn seiner Karriere Trainer beim FC Barcelona und hat dort den Fußball revolutioniert. Seine Idee von Fußball nennt man Tiki-Taka. Diese Taktik hat auch seine Mannschaft bei Barcelona angewandt und ließ die Herzen der Fußballfans höherschlagen. Das Spiel war aber nicht nur schön anzusehen, sondern auch erfolgreich. Mit dem FC Barcelona gewann Pep Guardiola alles, was man gewinnen konnte. Die bekanntesten Spieler in dieser Mannschaft waren Lionel Messi, Xavi und Andrés Iniesta.

Beim Tiki-Taka ist alles auf ein schnelles Passspiel ausgelegt. Wenn ein Spieler deiner Mannschaft den Ball hat, müssen die anderen Spieler sich so bewegen, dass der Spieler im Ballbesitz mindestens zwei freie Mitspieler hat, denen er den Ball zuspielen kann. Wenn er den Ball abgespielt hat, läuft er sich direkt wieder frei und bietet sich wieder als Anspielstation an. Die Pässe werden möglichst schnell gespielt. Also entweder direkt oder mit einer kurzen Ballannahme. Dafür muss man die Technik beim Passen perfekt beherrschen. Wenn diese Pässe sicher gespielt werden, wird es für den Gegner sehr schwer, an den Ball zu kommen.

Und wie kümmert man sich dabei um die Verteidigung? Pep Guardiolas Antwort darauf: Wenn der Gegner nie den Ball hat, kann er auch keine Tore schießen.

9. Von Helden und Rekorden

Wir haben alles gelernt, was du brauchst, um jetzt auf dem Platz durchzustarten. Zum Abschluss werden wir die Zeitmaschine starten und durch die Geschichte des Fußballs reisen. Wir werfen einen Blick auf die Helden, die den Fußball verändert haben, auf epische Spiele, die unvergessen bleiben, und auf Rekorde für die Ewigkeit.

9.1 Helden der Vergangenheit: Diese Legenden musst du kennen

Pelé – Der König des Fußballs

Ein Spieler steht mit seiner Strahlkraft und seinem Status als Legende über allen anderen: Edson Arantes do Nascimento, auch kurz „Pelé" genannt. Er kommt aus Brasilien, dem Land mit der größten Fußballbegeisterung. Schon mit 16 Jahren spielte er das erste Mal für die Nationalmannschaft und nahm ein Jahr später, 1958, mit dem brasilianischen Team bei der Weltmeisterschaft in Schweden teil. Dort schoss er mit 6 Toren Brasilien zum Weltmeistertitel. Brasilien wurde mit Pelé 1962 und 1970 noch zweimal Weltmeister. Damit hat Pelé insgesamt dreimal die Weltmeisterschaft gewonnen, was außer ihm keiner mehr geschafft hat. Das und seine vielen Tore sowie sein elegantes Spiel machten ihn zum Helden in seinem Heimatland. Viele sind der Meinung, dass Pelé der besten Spieler aller Zeiten ist.

Franz Beckenbauer

Was Pelé in Brasilien war, war Franz Beckenbauer in Deutschland. Er wurde auch Kaiser oder Lichtgestalt genannt. Er war Kapitän bei Bayern München zu ihrer erfolgreichsten Zeit und war bekannt für sein besonders elegantes Spiel aus der Abwehr heraus. Zu dieser Zeit war er auch Spielführer der deutschen Nationalmannschaft und führte Deutschland zum Weltmeistertitel 1974 im Heimatland. Den nächsten Weltmeistertitel gewann Deutschland 1990. Trainer der deutschen Mannschaft damals: Franz Beckenbauer.

Maradona

Diego Maradona war ein einzigartiger Fußballer aus Argentinien. Dort wird er bis heute für seine Fußballkunst verehrt. Bei der WM 1986 schrieb er durch sein „Tor des Jahrhunderts“ Geschichte, bei dem er fast die gesamte englische Mannschaft ausdribbelte. Mit weiteren Toren bei dieser WM schoss er seine argentinische Mannschaft als Kapitän zum Weltmeistertitel. Er hatte ein einzigartiges Ballgefühl und verkörperte mit seinem Spiel eine besondere Liebe zum Fußball.

Ronaldinho

Ronaldinho Gaúcho ist ein weiterer Fußballspieler aus Brasilien, der für eine besondere Freude am Fußballspiel steht. Er hat die Kunst des Straßenfußballs in die Welt getragen und eine ganze Generation von jungen Fußballern inspiriert. Er schaffte es auch wie andere legendäre Fußballer, Weltmeister zu werden (2002 mit Brasilien). Mehr als für seine Titel und Erfolge ist er aber bekannt für seine Tricks, die er nicht nur im Spiel, sondern auch im Training oder beim Jonglieren mit Teamkameraden gezeigt hat.

9.2 Rekorde

- Der „Ballon d'Or" („Goldener Ball" auf Französisch) ist der Preis für den weltbesten Fußballspieler und wird jedes Jahr vergeben. Die meisten Auszeichnungen hat Lionel Messi gewonnen. Er wurde zwischen 2009 und 2023 insgesamt **achtmal** zum besten Spieler gewählt. Cristiano Ronaldo hat den Preis fünfmal gewonnen und ist damit auf dem zweiten Platz dieser Rangliste.

- Dass Brasilien das Land des Fußballs ist, zeigt sich auch bei der Anzahl der Weltmeistertitel: Die Weltmeisterschaft findet alle vier Jahre statt und Brasilien gewann insgesamt **fünfmal** den Titel. So oft wie kein anderes Land. Mit vier Titeln folgen Deutschland und Italien.
- Brasilien und Deutschland sind auch bei den besten Torschützen bei Weltmeisterschaften vertreten: Mit 16 Toren liegt hier **Miroslav Klose** ganz vorn. Danach folgen der Brasilianer Ronaldo mit 15 Toren und die deutsche Stürmer-Legende Gerd Müller mit 14 Toren.
- Die meisten Tore bei einer einzelnen WM schoss der Franzose Just Fontaine. In 6 Spielen bei der WM 1958 schoss er **13 Tore**.

- Die meisten Spiele bei Weltmeisterschaften absolvierte Lionel Messi mit **26 Spielen**. Gefolgt von Lothar Matthäus, der für Deutschland 25-mal bei WM-Spielen auflief.

- Der wichtigste Titel für Vereinsmannschaften ist die Champions League . Jedes Jahr wird ein neuer Sieger ausgespielt. Spitzenreiter mit großem Abstand ist Real Madrid, die **14-mal** Champions League Sieger wurden. Dahinter liegt AC Mailand mit 7 Titeln.
- Ein Spieler, der Real Madrid während einer erfolgreichen Zeit in der Champions League anführte, ist der Portugiese Cristiano Ronaldo. Da ist es nicht verwunderlich, dass er zahlreiche Rekorde in der Champions League hält. Unter anderem hält er die Rekorde für die meisten Spiele (183), die meisten Tore insgesamt (140) und die meisten Tore während einer einzelnen Champions-League-Saison (17).

9.3 Die größten Spiele und was du daraus lernen kannst

Niemals aufgeben

Beim Champions-League-Finale 2005 standen sich AC Mailand und der FC Liverpool gegenüber. AC Mailand spielte mit vielen Stars und anfangs schien auch alles für sie zu laufen. Schon zur Halbzeit führten sie mit 3:0. Was dann passierte, damit hatte keiner mehr gerechnet. Liverpool gab nicht auf! Mit viel Herz und Kampfgeist kämpften sie sich zurück und erzielten in der zweiten Halbzeit drei Tore. Das Spiel ging in die Verlängerung und Liverpool gewann schließlich im Elfmeterschießen. Die Botschaft, die jeder Fußballer daraus mitnehmen konnte: Niemals aufgeben, egal wie aussichtlos die Lage ist.

Teamgeist überwindet Unmögliches

Als das „Wunder von Bern" ist der Weltmeistertitel von Deutschland 1954 in die Geschichte eingegangen. Die Deutschen standen im Finale gegen Ungarn. Beide Teams standen sich schon in der Vorrunde gegenüber, wo Ungarn das Spiel mit 8:3 gewann. Die Ungarn waren das alles überragende Team ihrer Zeit und für die meisten Zuschauer ging es nur noch um die Höhe ihres Sieges. Doch mit dem Glauben an das Unmögliche und an die eigenen Fähigkeiten schaffte es Deutschland als Außenseiter, das Spiel mit 3:2 zu gewinnen und den ersten Weltmeistertitel zu holen.

Aufstehen nach einer Niederlage

Das Champions-League-Finale 2012 fand im Münchner Stadion statt. Der FC Bayern München hatte es bis ins Finale im eigenen Stadion geschafft und war Favorit gegen Chelsea London. Sie waren drückend überlegen, doch kurz vor Schluss mussten sie durch ein Tor von Didier Drogba den 1:1-Ausgleich hinnehmen. Das spätere Elfmeterschießen gewann Chelsea London und wurde Champions-League-Sieger. Die Münchner Spieler waren niedergeschlagen. Doch nur einen Tag später schrieb Thomas Müller, Spieler und Legende beim FC Bayern, eine Nachricht an alle Mitspieler: „Nächstes Jahr schlagen wir zurück." Ein Jahr später feierte der FC Bayern im Finale einen 2:1-Sieg gegen Borussia Dortmund und wurde zum Champions-League-Sieger gekürt.